Anna
Ratte
Stefans Vater

Dieses Buch gehört:

______________________________

Heiko Wolz

# Spinnen – bis die Netze beben!

Mit Illustrationen von André Sedlaczek

CARLSEN

Die Erklärungen zu den farbigen Begriffen findest du in deinem eigenen Wörterbuch auf Seite 75.

Wenn du das Buch ganz gelesen hast, bekommst du am Ende eine tolle Urkunde!



**Mit Fragen zur Produktsicherheit wenden Sie sich bitte an: carlsen.de/kontakt**

MIX
Papier | Fördert gute Waldnutzung
FSC® C022120

PRODUZIERT MIT VERANTWORTUNG


Völckersstraße 14–20, 22765 Hamburg
ISBN 978-3-551-06868-2
Umschlag- und Innenillustrationen: André Sedlaczek
Lektorat: Constanze Steindamm
Layout und Satz: Karin Kröll
Lithografie: ReproTechnik Fromme, Hamburg

**Newsletter mit tollen Lesetipps kostenlos per E-Mail: carlsen.de**

# INHALT

## KAPITEL 1

# Eisen oder Schnee?

„Du willst einen Eisengolem bauen?“

Anna schaute Stefan ungläubig an.

Sie saß neben Brokkoli auf einer Truhe

im Keller der Schule.

Dort hatten sie ihren geheimen Treffpunkt

eingerichtet.

„Sind die nicht gefährlich?“

Nein, das waren sie nicht.
Und das sollte Stefans Freundin wissen. 9
Immerhin hatte eine ähnliche Kreatur sie, Stefan und Brokkoli bei einem früheren Abenteuer vor Schaden bewahrt.

„Erinnerst du dich an unseren Ausflug ins Ende?“, half Stefan ihrem Gedächtnis auf die Sprünge. Annas Augen wurden groß.

„Ein Ausflug? So nennst du das? Der **Enderdrache** hätte uns fast gegrillt! Aber richtig, dein **Schneegolem** hat die Dunkelmänner beschäftigt, während wir uns um das Flattervieh gekümmert haben.“ Sie dachte nach.

„Aber wofür brauchen wir einen **Golem** aus Eisen im Dorf?“

„Um es besser zu schützen!“, erklärte Stefan.
Den Angriff der Skelette vor Kurzem konnte Anna unmöglich vergessen haben.
Dabei waren ihre Eltern entführt worden.
Stefan, Anna und Brokkoli hatten sie aus den Händen eines zuvor noch unbekannten und unbesiegten **Boss-Monsters** befreien müssen: des **Wächters**.

Brokkoli wischte sich die Kuchenkrümel
aus dem Gemüsegesicht.
Seit er bei der Rettung von Annas Eltern
geholfen hatte, buk Annas Mutter jeden Tag
etwas Leckeres für ihn.
Sein **Inventar** war voll mit ihren Leckereien.

„Schnee kein Problem", sagte er.
„Tundra im Norden ganz weiß.
Aber wo Eisen finden?"
Stefan grinste.
Musste er seinen Freunden heute
denn alles erklären?
„Wieso suchen, wenn ein bestimmter
Dorfbewohner ganz viel davon hat?"

## KAPITEL 2

# Guter Plan, nächster Plan

„Überhaupt nichts mehr?“

Diesmal machte Stefan große Augen.

Heiliger Karottensalat!

So viel zu seinem schönen Plan!

Der **Schmied** hob entschuldigend die Hände.

„Den letzten Eisenbarren habe ich gestern verarbeitet. Seitdem ist das Feuer aus.“

Er ging in die Schmiede und ließ sie allein.

„Das war es wohl mit dem Golem“, seufzte Anna. „Du musst dir etwas Neues einfallen lassen, Stefan.“

Nein, das Dorf brauchte einen Beschützer und Stefan würde ihm einen geben.

„Dann bauen wir selbst Erz ab und schmelzen es ein.“

Brokkoli kratzte sich skeptisch am Kopf.

„Abbau echt anstrengend.“

Das stimmte. Sie würden mit ihren Spitzhacken das steinige Feld hinter dem Dorf bearbeiten und hoffen müssen, dass sie dort etwas fanden.

Aber Stefan hatte schon die nächste Idee.
„Zurück zur Schule!“
Er führte Anna und Brokkoli zum Braustand, den sie ebenfalls im Keller aufgestellt hatten. Stefan hatte ihn bei seinem ersten Abenteuer in einem Iglu entdeckt.
„Was hast du vor?“, fragte Anna.
„Das wirst du gleich sehen!“, meinte Stefan. Bevor er es ihr und Brokkoli lange erklärte, konnte er es ihnen auch zeigen.

Schnell holte er alles, was er brauchte.
„Zuerst eine **Netherwarze**."
Er gab eine in eine Wasserflasche.
Er streute **Lohenstaub** hinein.
Schon hatte er einen **Trank** der Stärke.
„Mit **Leuchtsteinstaub** verdoppeln wir die Wirkung."
Stolz hielt er Anna die Flasche hin.
„Der Erste ist für dich."
Anna lächelte ihn an.
Stefans Gesicht wurde wieder einmal so heiß, als hätte er den Kopf in eine Kürbislaterne gesteckt.
Im Dunkeln würde er glatt leuchten!

Brokkoli hüpfte aufgeregt von
einem Bein aufs andere.
„Ich auch einen Trank! Dann ich leichter graben."
Stefan grinste und holte noch eine Flasche.
„Morgen, Brokkoli. Heute schaffen wir
das nicht mehr. Und nimm den Trank
erst kurz vorher ein!
Er wirkt zwar doppelt, aber er hält
nicht so lang wie ein normaler."

KAPITEL 3

# O weh, o weh!

Stefans Hacke prallte mit einem Klonk am Stein ab.
„O weh!", rief Anna. „Die ist auch hinüber."
Genau wie ihre und die von Brokkoli.
Mit verbogenen Spitzen lehnten sie an einem Felsen in der Nähe.
In seinem Schatten hatte Hogi es sich gemütlich gemacht.
Das zahme **Hoglin** folgte Stefan auf Schritt und Tritt, sobald er es aus seinem Stall ließ.

Auf dem Felsen standen auch die leeren Glasflaschen.

„Wir sind zwar superstark“, stellte Stefan fest. „Aber das Gestein ist einfach zu hart für unsere Werkzeuge.“

„Wir haben bisher nur einen einzigen Block mit Eisenerz gefunden“, seufzte Anna. „Der Rest versteckt sich tiefer.“

Sie sah sich um. Stefan tat es ihr nach. In ihrer Nähe wuchs lediglich ein mickriger **Kaktus**. Sonst bestand die Landschaft nur aus Steinen, Sand und Felsen. Erst in der Ferne gurgelte ein Bach.

„Wenn es nur eine Höhle gäbe, dann könnten wir dort unser Glück versuchen.“



Stefan wäre Anna am liebsten um den Hals gefallen. Das war die Idee! Anna hatte ihn auf einen Gedanken gebracht. Aber damit er funktionierte, mussten sie sich beeilen.
Lange hielt die Wirkung des Wundertranks nämlich nicht mehr an.

KAPITEL 4

# Probieren geht über Studieren

„Zombies und Kriecher“, zählte Brokkoli auf, was sie in der **Mine** südlich des Dorfes erwarten konnte, zu der Stefan sie geführt hatte. „Klappermänner und …“

„Bis auf ein paar Höhlenspinnen bin ich da unten keinem Mob begegnet“, beruhigte Stefan ihn. Er war schon einmal allein dort gewesen, als er die Zutaten für einen Trank gesucht hatte, um Anna zu helfen.

Harmlos waren auch die Krabbeltiere nicht.

Deshalb hatte er auf der Flucht den Stollen verschlossen.



Dicke Felsbrocken blockierten den Eingang.

Aber dieses Mal hatte er seine Freunde dabei.

Plus ein zahmes Hoglin, das sie begleitete.

Was sollte da schiefgehen?

Stefan rollte den ersten Stein zur Seite.
Dank des Trankes kam er ihm so leicht vor
wie eine Feder.
Brokkoli und Anna halfen ihm mit den nächsten,
die größer und schwerer waren.
„Und in der Mine gibt es Eisenerz?“, fragte Anna.
„Nein“, gestand Stefan. „Aber etwas anderes,
das uns hilft. Hoffe ich.“
Er entzündete eine Fackel aus seinem Inventar
und trat ein.

Balken stützten die Decke ab.
Spinnweben hingen von ihnen herab.
Ein paar Schritte von ihnen entfernt stand …
„Ein **Monsterspawner**!“, erschrak Anna.
„Wie soll der uns helfen, Stefan?
Er bringt uns nur Ärger ein!“
Wieso Ärger? Der Spawner war doch leer.
Beim letzten Mal hatte eine Spinne
in ihm gehockt.
Sie musste entkommen sein, nachdem auch hier
ein Felsen von der Decke gefallen war.
Er war auf den Spawner gekracht und hatte
die Gitterstäbe verbogen.

Umso besser! Dann mussten sie sich
nicht erst um das Tier kümmern.
Anna und Brokkoli warteten noch immer
auf eine Erklärung.
„Ein Spawner vervielfältigt das Monster,
das in ihm ist. Wer sagt, dass er das nicht auch
mit einem Block Eisenerz macht?"
„Hast du das aus einem verbotenen Buch?",
wollte Anna wissen.
Stefans Vater war der Bibliothekar im Dorf.
Das Wissen aus seinen Büchern hatte ihnen
schon einige Male aus der Patsche geholfen.

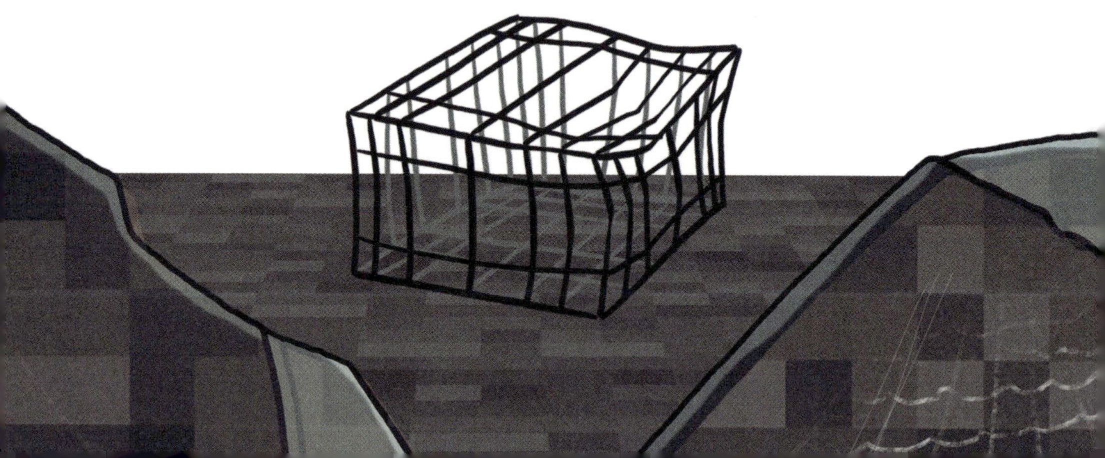

„Diesmal nicht“, gab Stefan zu.
„Ich hab mir etwas Neues ausgedacht!
Tragen wir den Spawner nun nach draußen
und probieren es aus?“
Jetzt grinste auch Anna.
Stefan hatte sie mit seiner Abenteuerlust
angesteckt. Wieder einmal.
Brokkoli musste nicht erst überzeugt werden.
Er führte schon einen Freudentanz auf.

## KAPITEL 5
# Pfui, Spinne!

Heiliger Sonnenbrand! Musste die Wirkung des Tranks gerade jetzt nachlassen?
Mit letzter Kraft wuchteten Stefan, Anna und Brokkoli das Eisenerz in den Spawner.
Nichts passierte.
Anna rieb sich die hübsche Knollennase.
„Sollte er sich nicht selbst aktivieren?“
Stefans Herz schlug plötzlich heftig.
Hoffentlich hatten sie das Ding nicht umsonst hergeschleppt!
„Vielleicht kaputt“, vermutete Brokkoli.
Stefans Freund holte zur Stärkung Kuchen aus seinem Inventar – und sprang zurück.

Der Block im Spawner leuchtete blau auf und begann, sich zu drehen.
Funken sprühten um das Gebilde.
Aber nicht das hatte Brokkoli erschreckt.
„Spinne!“, rief er.
Stefan lachte. „Die ist zu klein, um uns gefährlich zu werden.“
Der Winzling hatte sich wohl unbemerkt mit nach draußen tragen lassen.
Jetzt thronte er auf dem wirbelnden Erz.
Brokkoli schien er trotzdem nicht geheuer.

Der Zombie wich weiter zurück und stieß
die Glasflaschen auf dem Felsen um.
KLIRR!
Scheppernd zerbrachen sie
auf dem harten Boden.
Letzte Tropfen der Tränke spritzten
in den Spawner und auf die Spinne.
Das Tier schüttelte sich.
„Auweia!“, stöhnte Anna.
Das konnte sie laut sagen!
Denn was dann passierte, war gar nicht gut.

## KAPITEL 6

# Fehler im Gerät

Der Spawner spuckte die erste Spinne aus.
Sie war so klein wie die in seinem Inneren.
Die zweite fiel schon größer aus.
„Das muss mit dem Trank zusammenhängen“,
ächzte Anna.
Den Verdacht hatte Stefan auch.
Die nächste Spinne überragte sogar Hogi!
Quiekend suchte das Hoglin bei Stefan,
Anna und Brokkoli hinter dem Felsen Schutz.
„Der Spawner ist schwer beschädigt“,
sagte Stefan. „Er hat eine Fehlfunktion.“

Anna wurde blass.
„Ich habe doch geahnt, dass es Ärger gibt.
Du musst etwas unternehmen, Stefan!“
Genau das hatte er vor.
Er öffnete sein Inventar – und schloss es wieder.
Wie hatte er das vergessen können?
Gestern hatte seine Mutter das Chaos
in seinem unsichtbaren Beutel bemerkt und
von ihm verlangt, dass er es aufräumte.

Jetzt lagen sein **Diamantschwert**, die Pfeile und der Bogen zu Hause in einer Truhe!



„Kuchen werfen?“

Brokkoli hielt bereits zwei süße Geschosse in den Händen.

„Damit werden sie auf uns aufmerksam“, hielt Stefan seinen Freund zurück.

„Wir kommen mit Pfeilen und Bogen wieder. Dann zeige ich euch, wie man die Krabbler bekämpft.“

## KAPITEL 7

# Was klebt da so?

Stefan stürzte in die Bibliothek,
nachdem er Hogi in den Stall gebracht hatte.
Seine Mutter sah ihm an der Flachnase an,
dass etwas nicht stimmte.
Sie war eine Spielerin und hatte selbst
etliche Abenteuer erlebt.
„Was hast du diesmal angestellt?“, fragte sie.

„Äh“, machte sein Vater da schon.
Er stand in der weißen Robe
des Gelehrten vor dem Fenster.
„Sind das Höhlenspinnen?
Aber warum sind sie so groß wie Kühe?“

Stefan schluckte. Er rannte in sein Zimmer,
um Bogen und Pfeile zu holen.
Am besten nahm er die ganze Truhe mit!
Mit ihr unter dem Arm riss er
die Haustür wieder auf.
„Keine Sorge! Ich kümmere mich … Bäh!“
Wo kam das klebrige Zeug her,
in das er gelaufen war?
Immer fester blieb er darin hängen.
Nur mit größter Mühe befreite er sich –
und schluckte zum zweiten Mal.

Das weiße Zeug hüllte nicht nur
die Bibliothek ein.
Auch von der Kirche hing es herunter.
Die Schule hatte es ebenfalls erwischt.
Und die Hälfte der anderen Häuser im Dorf!
Wie riesig musste eine Spinne sein,
die so ein Netz webte?
Noch während Stefan darüber nachdachte,
fiel ein gewaltiger Schatten auf ihn.

## KAPITEL 8

# In der Speisekammer!

„In Deckung, Stefanfreund!“

Ein Kuchen flog an Stefan vorbei und klatschte der Riesenspinne ans Bein. Das Monstervieh stakste unbeeindruckt weiter auf Stefan zu.

„Weglaufen!“, riet Brokkoli.

Nichts da!

Stefan legte den ersten Pfeil auf.

Er sauste schnurgerade auf die Spinne zu.

Das würde den perfekten Treffer abgeben. 

Oder auch nicht: Der Pfeil prallte ab,

ohne Schaden anzurichten.

„Hast du sie verfehlt?“,

fragte Anna außer Atem.

Sie rannte mit Brokkoli zu Stefan herüber.

Sie waren die Einzigen, die es noch

nach draußen geschafft hatten.

Die übrigen Bewohner waren in ihren Häusern gefangen. Dichte Netze verhüllten die Türen und Fenster im Dorf.

„Das ist kein Dorf mehr“, stöhnte Stefan. „Das ist eine gewaltige Speisekammer! Und wir sollen die Vorspeise sein!“ Schnell schoss er weitere Pfeile auf das Ungetüm ab. Ohne Ergebnis.

„Das Erz!“, fiel ihm ein. „Der Spawner hat die Kreatur hart wie Eisen gemacht!“

„Und was nun?“

In Annas Stimme schwang Angst mit. 41

Stefan öffnete seine Truhe.

„Nur ein Diamantschwert kann den Panzer ...“

„Achtung!“, warnte Anna.

Zu spät: Die Spinne schnippte die Truhe mit einem ihrer Beine weg.

Ihr Inhalt verteilte sich auf dem Boden.

Das Schwert schlitterte unerreichbar weit davon.

„Planänderung!“, rief Stefan.

„Wir locken die Oberspinne vom Dorf weg!

Sie scheint immer weiter zu wachsen.

Vielleicht können wir ihr entkommen.

Dann überlegen wir neu.“

Die Riesenspinne tappte ihnen nach.
Aber schon kurz nachdem sie das Dorf verlassen hatten, hielt sie an und kehrte wieder um.
Sie wollte in der Nähe der gefangenen Dorfbewohner bleiben!
Dafür verfolgten nun unzählige kleinere Spinnen die Freunde.
Wenn man Spinnen in der Größe eines Ozelots als klein bezeichnen konnte!

Allerdings ließen sie sich wohl kaum mit einem Lachs zähmen.



Schnell waren Stefan, Anna und Brokkoli auf dem steinigen Feld von ihnen umzingelt. Immerhin hatte der Spawner aufgehört, weitere Kreaturen zu fabrizieren.

„AUTSCH!“, stieß Anna neben Stefan aus. Hatte eine Spinne sie gebissen? Aber da war nur der Kaktus, an dem sie sich gepikst hatte.

## KAPITEL 9

# Flieg, Kaktus!

Heiliger Kuhfladen!
Warum war Stefan nicht selbst
darauf gekommen?
Ein Kaktus hatte Stacheln.
Die waren nicht so hart
wie sein Diamantschwert,
aber besser als nichts.
„Schnell!“, wies er Anna und Brokkoli an.
„Helft mir, ihn auszugraben.“

Zu dritt buddelten sie in der harten Erde.
Endlich hielt Brokkoli das Gewächs
in den Händen.
Und schleuderte es ohne Vorwarnung
den Spinnen entgegen!
„Nein!“, rief Stefan.
Musste sein grünköpfiger Freund
denn alles werfen?
Konnte er nicht ein Mal vorher nachdenken?
Jetzt war ihre letzte Waffe verloren.

„Stefan, schau doch!“

Anna zupfte ihn am Arm.

Von wegen verloren!

Brokkoli hatte eine Spinne getroffen.

Sie zitterte, dann löste sie sich zischend auf.

Dort, wo sie gerade noch gestanden hatte,

schwebte ein Spinnenauge in der Luft.

Ein nützlicher **Drop** zum Brauen.

Aber sie hatten keine Zeit, ihn sich zu nehmen.
Die anderen Spinnen kamen schon wieder näher.
Dabei machten sie einen großen Bogen
um den Kaktus.
„Sie fürchten sich vor dem Stachelding!“,
erkannte Stefan.
Schnell lief er hin und warf den Kaktus
wie Brokkoli mitten in die anrückenden Reihen.
Zwei weitere Spinnen lösten sich auf.
Der Rest wich zurück.

Aber das reichte Stefan nicht.
„Wir brauchen mehr Kakteen,
um das Dorf zurückzuerobern!“
Anna schaute sich um.
„Leider Fehlanzeige, Stefan.
Bis zum Bach sehe ich keine.“
Wieder musste Stefan grinsen.
Anna und er waren ein tolles Team.
Wer sonst brachte ihn immer wieder
auf die besten Ideen?

„Haltet mich für verrückt“, sagte er.

„Aber ich habe einen neuen Plan.
Und diesmal wird er funktionieren.
Garantiert!“

## KAPITEL 10

# Abwarten und Wasser trinken

„Fertig!“

Stefan hüpfte von der letzten Stufe der Kuchenleiter.

Diese hatten sie aus Brokkolis Vorrat gebaut.

Ganz einverstanden war der immer hungrige Zombie damit nicht gewesen.

Aber Annas Mutter würde schon
für Ersatz sorgen.
Dafür mussten die Freunde sie aber
erst einmal von der Spinnenplage erlösen!
Brokkoli wartete auf Stefans Kommando.
Anna folgte ihm vorsichtig mit dem Kaktus
in den Armen.

Bisher hatte sich keine weitere Spinne blicken lassen.
Die Krabbelviecher hatten sich zur Oberspinne ins Dorf zurückgezogen.
Gleich hatte Stefan sein Ziel erreicht.
Er betrachtete das schwebende Gebilde über sich.
Er hatte das Bild einer Kaktusfarm nur flüchtig in einem geheimen Buch gesehen.

Hoffentlich hatte er alles richtig gemacht.
„Gleich wissen wir es“, murmelte er
mit einem dicken Kloß im Hals.
Wenn er sich täuschte, waren seine Eltern
und alle anderen Spinnenfutter!
Er nickte Anna zu.
Sie gab ihm den Kaktus.
Vorsichtig betrat Stefan die Kaktusfarm und
platzierte das Gewächs auf einem der innen
gelegenen Sandblöcke.

„Jetzt fehlt nur noch das Wasser“, sagte Stefan.
Zum Glück hatte Anna zwei Eimer
in ihrem Inventar.
Damit holten die beiden Wasser aus dem Bach
und schütteten es in das Becken.
Inzwischen war auch Brokkoli oben
angekommen.

Immer rascher füllte sich die schwebende Farm und der Kaktus begann zu wachsen.



„Und nun?“, fragte Anna gespannt.

Stefan seufzte.

„Jetzt heißt es abwarten ...“

## KAPITEL 11
# Bereit oder bereit?

Heiliges Schneckentempo!
Die Minuten waren Stefan noch nie
so lang vorgekommen.
Endlich platschte es im Becken.
„Farm auch kaputt?“,
fragte Brokkoli alarmiert.

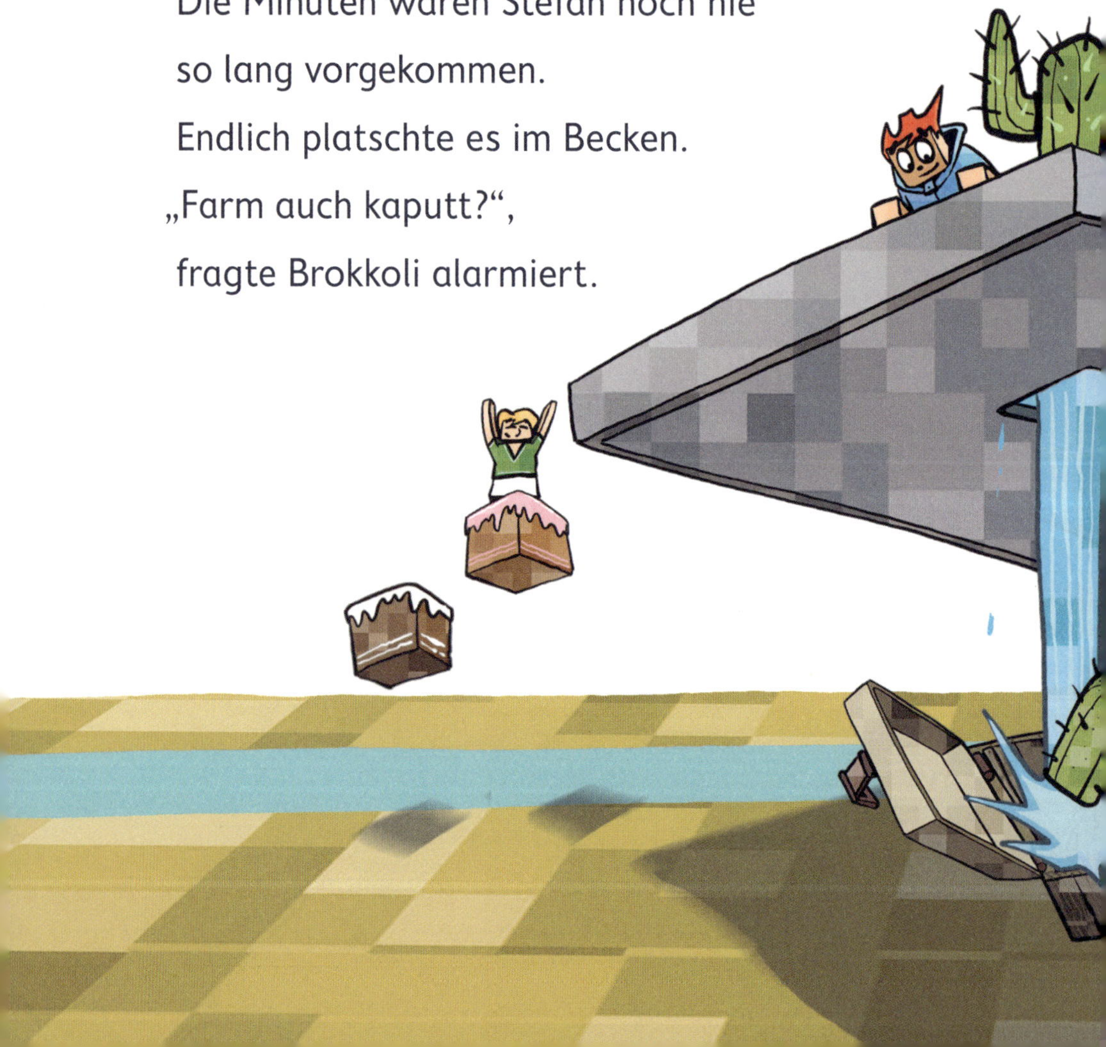

Stefan schüttelte den Kopf.
„Der Kaktus ist groß genug geworden, er hat das Becken durchbrochen. Ein kleiner Teil von ihm ist abgefallen. Nun wird er mit dem Wasser nach unten getragen.“
Unter dem Loch im Boden stand Stefans Truhe. Mit einem PLUMPS! landete ein ganz neuer Kaktus in ihr.

Stefan trug ihn nach oben und setzte ihn auf einen weiteren Block Sand.
„Jetzt vermehren sich schon zwei Kakteen.“
Kurz darauf fielen immer mehr Pflanzen in die Truhe.
„Das muss reichen“, beschloss Stefan nach einer Weile.
„Noch länger können wir nicht warten. Wer weiß, wann die Riesenspinne Hunger bekommt?“

Er füllte sein Inventar mit
den stacheligen Gewächsen.
Auch Anna und Brokkoli packten
so viele wie möglich ein.
Dann sahen sie Stefan gespannt an.
„Bereit zur Spinnenjagd?“, fragte er.
„Dann lasst uns loslegen!“

KAPITEL 12

# Aus und vorbei

„Spinne von links!“, warnte Anna.

Stefan wirbelte herum.

Für den Winzling reichte ein Mini-Kaktus.

Schon löste sich das Krabbeltier auf.

„Nachschub von rechts“,

rief Brokkoli.

Der Zombie schleuderte drei Kakteen hintereinander auf die letzten Spinnen dort. Dann hüpfte er freudig von einem Bein aufs andere.



„Alle Spinnen vertrieben.
Jetzt Kuchen als Belohnung!"

Musste ihr grüner Freund denn immer ans Essen denken?

Und hatte er nicht etwas vergessen?

„Freu dich nicht zu früh", mahnte Stefan.

„Die Oberspinne lauert noch irgendwo auf uns."

„D-d-da ist sie!“, stieß Anna schon hervor.
„Direkt hinter dir, Brokkoli!“
Der Zombie drehte sich um.
Aber warum blieb er wie versteinert stehen?
„Er hat keine Kakteen zum Werfen mehr“,
erkannte Anna.
Die Spinne näherte sich dem bibbernden
Zombie mit langen Beinen.
Gleich würde sie Stefans Freund schnappen.

Das musste Stefan verhindern!
„He!“, rief er. „Gemüse ist vielleicht gesund.
Aber das ist mein Brokkoli!“
Er traf die Spinne mit einem Kaktus im Gesicht.
„Auweia!“, hörte er Anna. „Jetzt ist sie
erst richtig wütend auf dich!“
„Gut so“, antwortete Stefan und
rannte zur Schule.
„Dann folgt sie mir. Ich lenke sie ab.
Ihr befreit die Dorfbewohner.“

Anna und Brokkoli hatten begonnen, die Dorfbewohner aus ihren Häusern zu befreien. Kaum waren diese draußen, schnappten sie sich die herumliegenden Kakteen.
Vom Angriff der Bösewichte vor einiger Zeit hatten sie gelernt, dass sie zusammenhalten mussten.
Der Schmied schleuderte den ersten Kaktus. Auch der Pfeilmacher bediente sich der stacheligen Alternative zu seinen Pfeilen.

„Ich glaub, ich spinne!“, lachte Stefan.

„Die Wettervorhersage für heute: Vorsicht vor tieffliegenden Kakteen!“



Immer mehr Geschosse trafen die riesige Spinne. Irritiert zog sie sich zurück.

„Sie flüchtet auf das Dach der Schule!“, stellte Anna fest.

„Dort will sie sich erholen und dann erneut angreifen.“

Nichts da!

Stefan legte alle Kraft in seinen Wurf.
Der Kaktus landete direkt zwischen ihren Augen.
„Volltreffer!"
Die Spinne zitterte so sehr, dass
die ganze Schule wackelte.
Mehrere Dachziegel fielen herunter und
zerbrachen mit einem lauten Knall
neben Stefan.

„Lauf, Stefanfreund!“, brüllte Brokkoli.

Gute Idee.

Aber wohin so schnell?

Wenn die Schule einstürzte, erwischten ihn die Blöcke auf jeden Fall.

Stefan duckte sich und schloss die Augen.

So viele Abenteuer hatte er überstanden.

Gegen so viele Mobs hatte er gekämpft.

Und nun wurde er von der Schule erschlagen?

Sah so sein Ende aus?

KAPITEL 13

# Hol dir den Drop!

„Augen auf, Stefan!“
Annas Stimme war ganz nah.
Stefan blinzelte vorsichtig.
Seine Freundin lächelte ihn an.
Sofort schoss ihm wieder
die Hitze in die Wangen.
„W-was ist mit d-der Schule?“,
stammelte Stefan.
Anna deutete nach oben.
„Sie hat gehalten.
Anders als die Oberspinne.“

Stefan folgte ihrem Blick.
Sein Mund klappte auf, als er den Grund für ihr Grinsen entdeckte.
Das Monster war weg.
Dafür schwebte das größte Spinnenauge über der Schule, das er je gesehen hatte.

Die Dorfbewohner kamen hinzu.
Stefans Eltern stellten sich neben ihn.
„Worauf wartest du?“, fragte seine Mutter.
„Hol dir den Drop!“
Sein Vater kratzte sich wie Brokkoli am Kopf.
„Aber wo willst du das riesige Ding aufbewahren?“, fragte er.
Stefans hielt das Lachen nicht mehr zurück.
Er klopfte auf seine unsichtbare Tasche.
„Wie gut, dass ich gestern erst mein Inventar aufgeräumt habe, was?“

Er wandte sich Anna und Brokkoli zu.
„Gleich morgen probieren wir neue Tränke aus.
Ich habe schon eine Idee für einen,
den es noch nie gegeben hat!“
„Alle Mann in Deckung“,
stimmte Anna lachend ein.
„Mit Stefan wird es uns wohl nie langweilig.“

EINFACH LESEN LERNEN

# HAST DU SCHON ALLE?

**KÄPTEN MATZ: ... UND DER RIESEN-STRUDEL**
ISBN 978-3-551-69039-5

**BITTE NICHT ÖFFNEN, SONST ... 1: YETI-RITTER-SCHNEEGEWITTER**
ISBN 978-3-551-69043-2

**IM LICHT DER ZAUBER-KUGEL: DER DSCHUHA UND DER ESELRITT**
ISBN 978-3-551-69031-9

**BOBBY UND BOSS: HEIMLICH BESTE FREUNDE**
ISBN 978-3-551-69016-6

**DIE SCHULE DER MAGI-SCHEN TIERE ERMITTELT 5: DER GURKENSCHURKE**
ISBN 978-3-551-65595-0

**CONNI UND DIE FREUNDSCHAFTS-STERNE**
ISBN 978-3-551-69068-5

**DAS KLEINE WIR IN DER 1. KLASSE**
ISBN 978-3-551-69026-5

**DIE ROBOT-KIDS 1: RETTUNG VON MOTO-5**
ISBN 978-3-551-69020-3

**ACHTUNG!: STEILER SCHULWEG**
ISBN 978-3-551-69028-9

Hurra! Du hast es geschafft!

HERZLICHEN GLÜCKWUNSCH!

# URKUNDE

(Name)

hat das spannende Buch

**Spinnen – bis die Netze beben!**

bis zum Ende gelesen.

(Datum) (Unterschrift)

CARLSEN

Seite hier heraustrennen

# Spinnen – bis die Netze beben!

Mini-Wörterbuch

**Boss-Monster:**
bessonders gefährliche Monster, wie z. B. der → **Wächter**

**Diamantschwert:**
Werkzeuge oder Waffen können aus verschiedenen Materialien bestehen: Holz, Stein, Eisen, Gold, Diamant und Netherit.

**Drop:**
Spieler oder Kreaturen können Gegenstände fallen lassen. Diese schweben dann zum Einsammeln über dem Boden.

**Enderdrache:**
→ **Boss-Monster**

**Golem:**
Golems aus Eisen oder Schnee schützen Bewohner und deren Dörfer vor bösen Kreaturen.



**Hoglin:**
→ **schweineähnliche Kreatur**

**Inventar:**
unsichtbare Tasche

**Kaktus:**
Kakteen sind nützliche Pflanzen. Aus ihnen kannst du die Farbe Kaktusgrün gewinnen – oder einen Mülleimer herstellen!



**Leuchtsteinstaub:**
auch Glowstonestaub genannt (sprich: Glauston) → **Trank**

**Lohenstaub:**
→ **Trank**

**Mine:**
Eine Mine ist ein unterirdisches Bauwerk mit vielen Tunneln und Höhlen. Dort findest du oft tolle Sachen. Aber Vorsicht vor den Höhlenspinnen!



**Monsterspawner:**
Wenn ein Spieler oder eine Kreatur erscheint, nennt man das → **spawnen.** Böse Kreaturen wie Spinnen schlüpfen oft aus Monsterspawnern.

**Netherwarze:**
Eine Netherwarze ist eine Pflanze, die nur im Nether wächst. Du brauchst sie zum Brauen von → **Tränken.**

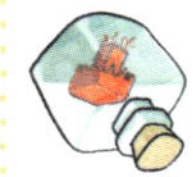



**Schmied:**
einer der Berufe, die ein Dorfbewohner ausüben kann. Weitere Berufe sind zum Beispiel Gerber, Pfeilmacher oder Kartograf

**Schneegolem:**
→ **Golem**

**spawnen:**
Wenn eine Kreatur erscheint, nennt man das spawnen.



**Trank:**
Tränke können helfen oder schaden. Man kann dafür zum Beispiel → **Lohenstaub** nehmen.

**Tundra:**
Die verschneite Tundra ist einer der unzähligen Lebensräume in Stefans und Annas Welt.

**Wächter (Warden):**
eins der mächtigsten → **Boss-Monster** in der Welt der Blöcke



Seite hier heraustrennen

Seite hier heraustrennen

## Bastle dir dein Mini-Wörterbuch!
## So geht's:

1

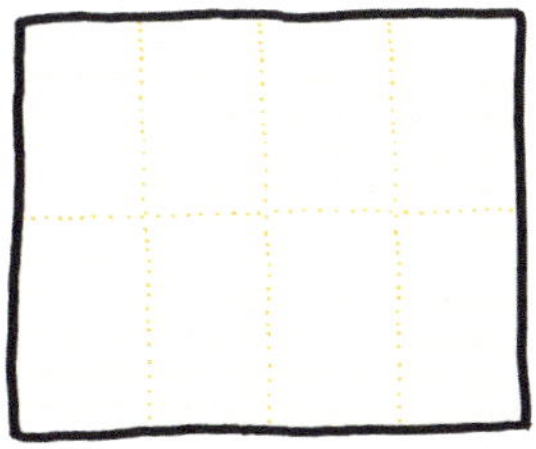

2

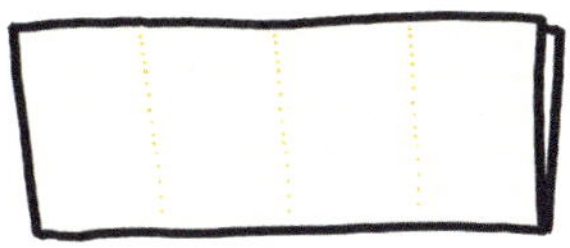

3

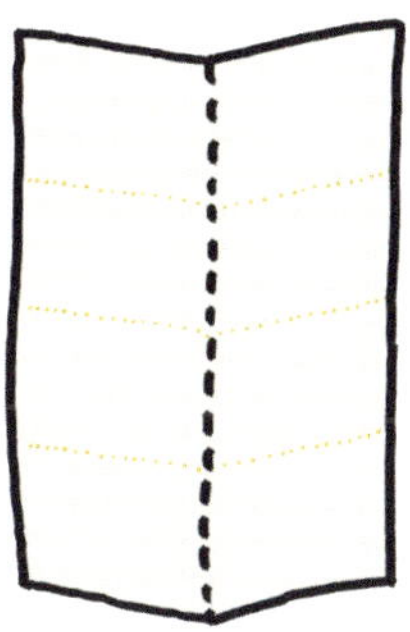

4

5

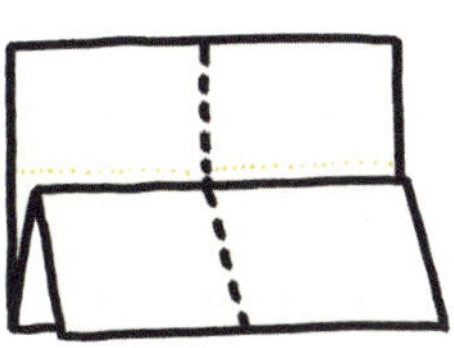

6

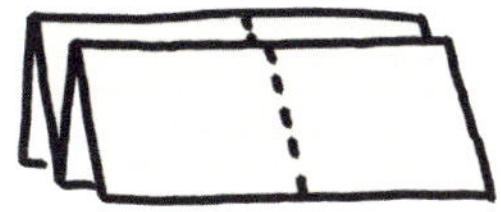

7

8

9

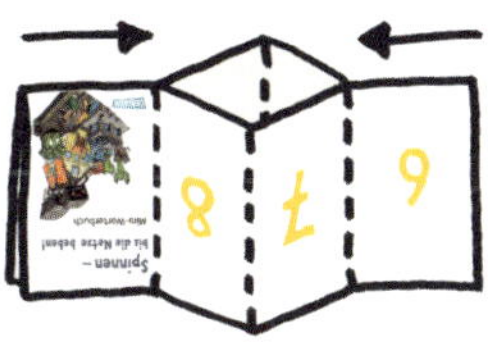

10

11

Stefan

Brokkoli